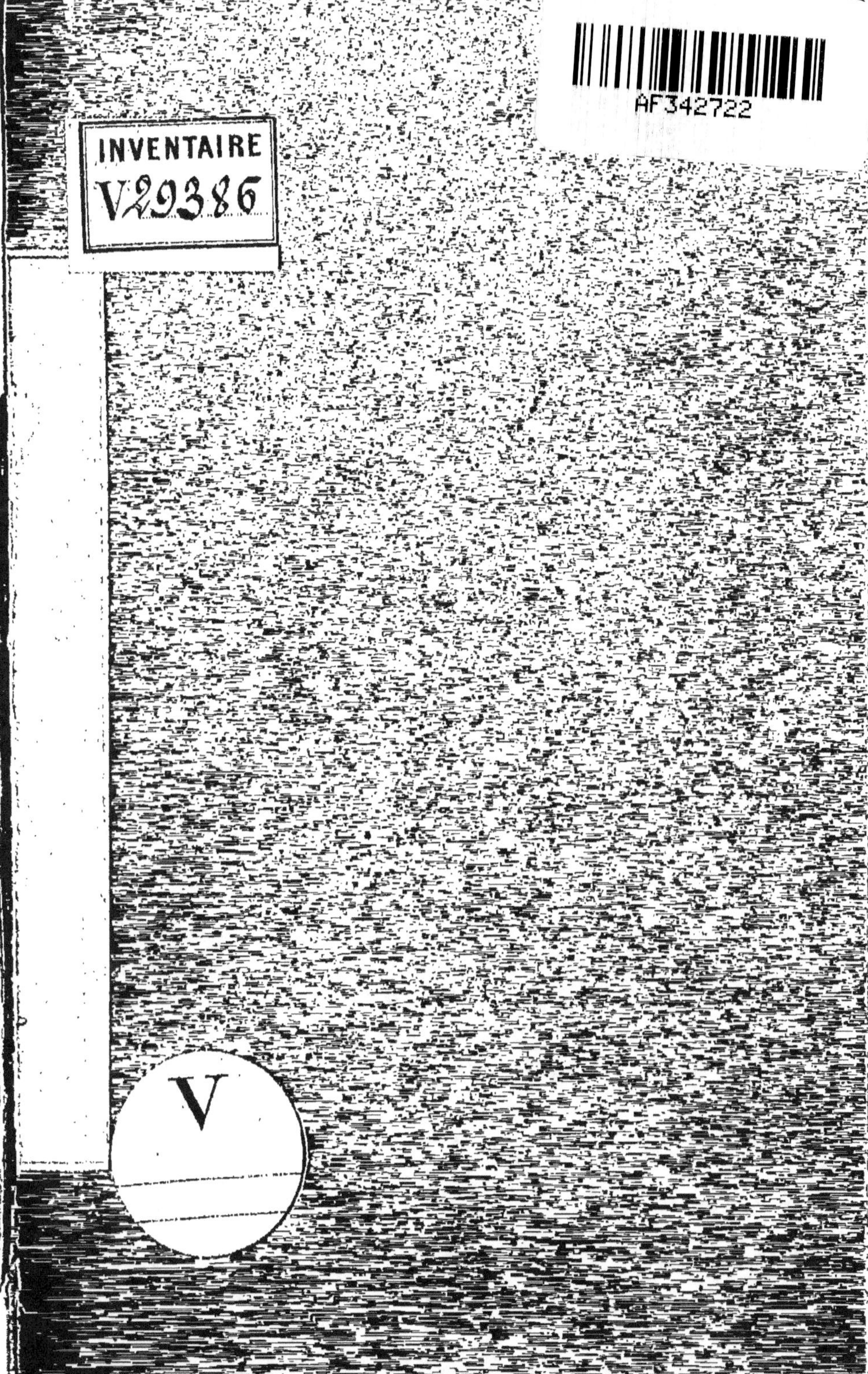

CATALOGUE
DES ESTAMPES
ET LIVRES DE FIGURES
de défunt Mr Boucot.

Les Chiffres qui sont à la fin de chaque Article marquent le nombre des Estampes de chaque Volume, Recueil, ou Porte-feuille.

1 { Palazzi di Roma di Ferrerio. 104
{ Giardini di Roma, di Falda. 25
{ Bas reliefs de Pietro santi. 80
{ Entrata in Roma dell' Ambasciatore d'Espagna di Steph. della Bella. 6
2 Galeria Farnese, d'Annibal Caracci, *maroquin rouge.* 62
3 { Insignia Romæ Templa. 84
{ Altari e Capelle di Roma. 45
4 Villa Pamphilia, *gr. pap.*
5 Recueil d'un tres-grand nombre d'Estampes tant de Tempeste, Tehniers, Carache, Stella, qu'autres. 286
6 Stradani Venationes. 104
7 Theatro d'Edificii di Roma moderna con le Fontane, 1665. 127
8 —Idem, con le Fontane di Roma, Frescati, Tivoli, &c. 180
9 Vestigii dell'Antichita di Roma. 46 & 120
—Id. avec la Pséchée de Marc Antoine. 72
10 Villa Aldobrandina, Dom. Barrieres. 32
11 Topographie Françoise de Chastillon, *marroq.* 172
12 Recueil de Veuës, de Sylvestre. 37
13 Proportions du Corps humain, par Audran.
14 Sentimens sur la Peinture, par Testelin.
15 Assidio dell'Isola di Malta, en 1565. 14
16 Fontane di Roma, di Falda, avec les Villes de l'Europe, par Bloetelingh. 42 & 37
17 Colonna Trajana d'Agostino Veneto, 136
48 —Id. di Pietro-santi, *marog.* 119
19 —Antonina del Stello, 75
20 Antiquæ Urbis Romæ Simulachrum,
21 Vestigi dell'Antichita di Roma, Tivoli Pozzuolo, & altri Luoghi di Marco Sadeler. 50
22 Grotesques de Raphaël d'Urbin, 17

A

cueil de 121. Pieces de Marc Antoine, de Crisp. Passe, & autres, dont la Psiché.

51 Les Massacres de la Ligue avec les Martyrs des Pays-Bas, & la Procession. 141

52 154. Veuës de Sylvestre; & 27 autres de divers Maistres.

54 { Diverse vedute di Fiorenza dal Callot. / Paysages divers de Sylvestre, & autres. / Les Stations de Rome. / Veuës d'Eglises de Rome, & autres Edifices, du même. } 72

55 Paysages de Perelle, 86. P. & 29. de Sylvestre.

56 Veuës des Maisons Royales & autres, de Sylvestre. 110

57 Recueil de Figures de devotion de Sadeler, Jode, & autres Maistres. 151

58 Recueil de Paysages, & autres Figures, de Sadeler, Paul Brille, Mauperche, Calot, & autres. 110

59 Porte feüille de divers Ornemens, & autres Pieces. 644

60 Alcoves, Plafons, & autres Pieces de le Pautre. 65

61 Recueil de Pieces, de le Pautre. 740

62 { Porte feüilles de 31. grandes Pieces, de le Brun. / Fontaines de Versailles, les Pavillons, & 34. grandes Pieces tant de Mignard, de Raphaël, de Poussin, de Champagne & de le Sueur, qu'autres bons Maistres. }

63 { Porte feüille de 135. grandes Pieces de Poussin, dont les sept Sacremens sont de differens Graveurs. }

64 { Porte feüille d'environ 90. grandes Pieces, dont Carrousel de Sylvestre, & le reste de bons Maistres Etrangers. / 114. autres grandes Pieces de divers Maistres. }

65 Porte-feüille de 113. Pieces de Perelle, dont 40. Veuës de Villes en long.

66 Rouleau de ramas de Plans, & plusieurs Desseins à la main.

67 Porte-feüille de Veuës & Plans des principales Maisons Royales, & autres de divers, & sur tout de Sylvestre. 61

68 Ramas de petites Pieces antiques de toutes grandeurs.

69 Recueil de 363. Pieces de vieux Maistres, comme de Marc Antoine, Michel Ange, Aldegrave, &c.

70 Les Figures de la Bible, avec des Explications manuscrites. 70. P.

71 Recueil de 90. Pieces de differens vieux Maistres.

72 Recueil de 632. Pieces, dont 120. de Callot.

73 Porte-feüille de 101. Pieces, dont 61. d'Alb. Durer, en bois.

74 Oeuvres de Callot en 2. vol. le premier contient 1100. Pieces de diverses grandeurs, & le second 700. & environ 200. d'Hollar, Gall. & autres.

75 Porte-feüille de 130. grandes Pieces, partie à la main, partie en bois, de Stella & autres. Environ 250. petites Pieces à la main. Environ 300. Pieces de rebut. Environ 200. d'Orfévrerie, & autres.

75 { Pompe Funebre du Duc de Brunſvvix Jean Frederic.
{ 94. Pieces modernes de Devotion , de Bazin , & autres

{ 264. grandes Pieces , tant de Chronologie , Grotesques, que Devotion & autres.
77 { 25. grandes Pieces , dont Payſages de Bruyn , Devotions d'Edelinck , & autres.

78 Oeuvre de Guill. Baurn , en maroquin.   228
79 Baurn Iconographia.   146
80 Les Etats & Profeſſions de Boſſe.   182
81 { Recueil d'environ 450. Pieces , dont 150. d'Alb. Durer, { 80. d'Holbens , & 200. d'autres petits Maiſtres , en bois.
82 Recueil de 121. Pieces de differens Maiſtres & de differens Sujets , de Pieté , & autres.
83 Recueil de 280. Pieces de differens Maiſtres , dont Payſages de Franciſque , & autres.
84 Recueil de 290. Pieces de Pieté & de Morale de divers Maiſtres.
85 Recueil de 714. Pieces , dont 311. de le Clerc , & 403. de divers , Edelinck , Ertinger , & autres.
86 Recueil de 42. Pieces , moitié de Stella , & moitié d'autres bons Maiſtres.
87 Recueil de 205. Pieces de divers bons Maiſtres , la plûpart Flamans.
88 Recueil de 216. Pieces d'anciens Maiſtres , la plûpart d'Italie.
89 Recueil de 480. Pieces , la plûpart de Tenniers, Teſtelin, Souteman , & autres.
90 Recueil de 270. Pieces de Sadeler , Franciſque , P. Brill, Vvaterlo , & autres.
91 Recueil de 89. Pieces du Carache , & autres.
92 Recueil de 130. Pieces , dont les Cris de Carache.
93 Recueil de 65. Pieces , dont Feſte de Maſcardi , & autres.
94 Recueil de 195. Pieces , tant de Brueghel que de Gall. & autres.
95 Recueil de 245. Pieces de Tableaux du Roy, par Poilly, Edelinck , Bloomart , & autres.
96 Recueil de 350. grandes Pieces de Sadeler , Bloemart , Edelinck , Carache , & autres.
97 Recueil de 121. grandes Pieces de Carache , & autres bons Maiſtres.
98 Recueil de 120. Pieces de Devotion des Sadelers , & autres
99 Les Travaux d'Ulyſſes , de Van-Tulden.
100 Recueil de 386. Pieces , de Chauveau.
101 Recueil de 140. Pieces , de Van-Brugen , & autres.
102 Recueil de 95. Pieces , la plûpart de P. Teſta.
103 Recueil de 16. grandes Figures de Jeſus-Chriſt , de la ſainte Vierge , & autres.
104 Recueil de 128. Pieces de differens nouveaux Maiſtres.
105 Recueil de 350. Pieces , dont 250. de Deſſeins à la main
106 Recueil de 190. Pieces , la plûpart Grotesques.

107 Recueil de 140. Pieces d'André del Sarto, Perelle, & autre bons Maistres.

108 Recueil de 500. Paysages de Sadeler, Vischer, Perelle, & autres bons Maistres Flamans.

109 { Recueil de 126. Pieces de Devotion, de differens Maîtres.
Introitus Ferdinandi in Gandavum.

110 Recueil de 212. Pieces de Devotion, de Sylvestre, de Ravennes, & autres.

111 Recueil de 225. Pieces de Devotion, de Coëpel, Sadeler, Lasne, & autres.

112 Recueil de 430. Pieces Grotesques, de differens Maistres.

113 Recueil de 285. Pieces de Devotion de Bourdon, Tomassini & autres anciens Maistres.

114 Recueil d'environ 20. Pieces de divers Maistres.

115 Figures de la Bible de Raphaël, par Chapron.

116 Les Massacres de la Ligue.

117 Recueil de le l'autre, 2. Volumes. 284

118 Les Vases Antiques, Casques & Cartouches d'Etard. 25

119 Recueil de 79. Pieces de Voët, Gallerie de Fontaineblau, &c.

120 Recueil de 50. Pieces differentes.

121 Galeria d'Annib. Caracci nel Palazzo Farnese.

122 Recueil de 95. Pieces de grands Paysages, de Perelle, Nolpe, & autres.

123 Recueil de 225. Pieces noires, tant Modes, Grotesques, de Goll, Smith, qu'autres.

124 Recueil de 47. Pieces de la Passion, de Huret, Vandyck, & autres.

125 Porte feüille de plusieurs Pieces semblables. 225

126 { Grand Porte feüille de Genéalogies, Cartes, Plans de grandes Villes, & autres Piece. 225
120. Pieces differentes, Grotesques, & autres.

127 Tres grand Porte feüille de 657. Pieces des Palais & Veües de Rome, Paysages de Sylvestre, Perelle, Paul de Brill, Mauperche, & Plans de Villes.

128 Recueil des Plans de Beaulieu.

129 Recueil de Pieces d'Architecture, en deux grands Volumes.

130 Palazzi di Genova, da P. Rubens. 140

131 Modes des divers Temps, au nombre d'environ 1000. en six Porte feüilles.

132 { Modes en travers, de S. Jean. 13. f.
— de Rom. de Hoge. 16. f.
— Anciennes de divers. 40 f.

133 Theatre des Peintures, de Teniers. 245

134 Le Manege, de Pluvinel. 61

135 Recueil des Pieces, de Voët. 126

136 Recueil de 533. Pieces, de Mellan.

137 Recueil de 130. Pieces, de Rubens.

138 {
- Tres-grand Porte-feuille, contenant
- Le Temple des Muses.
- Ancien & Nouveau Testament, de Raphaël.
- Les Bas-reliefs du Vatican, du même.
- La Vie de Constantin de Jul. Romain, en Bas-reliefs.
- La Gallerie Farnese, du Caracci.
- Les Tapisseries, du même par Torrebat.
- Le Voyage d'Enée, par le même.
- Ædes Barberinæ, du Guide.
- La Colonne d'Antonin, de Pier. Santi.
- Les Bas-reliefs de Rome, par Perrier.
- Les Statuës, du même.
- Celles de Mellan.
} 580 Pieces.

139 Recueil de 40. grandes Pieces, de Vander Mulen & autres.

140 Histoire des Plantes, par M. Dodart. 37

141 —des Animaux, par M. Perrault. 26

142 Le Grand Carrousel. 100

143 {
- Tableaux du Cabinet du Roy.
- Les Statuës.
- Description de la Grotte.
} 62

144 {
- Tapisseries du Roy. 45
- 6. Pieces de la Gallerie de S. Cloud,
- Les sept Sacremens, du Poussin par Audran.
}

145 Les Festes de Versailles. 17

146 430. Veuës de Perelle, en blanc.

147 Fleurs, Plantes, Oiseaux, Poissons & Insectes peints en mignature. 25

148 Porte-feuille d'environ 300. Pieces de differens petits Maîtres.

149 Porte-feuille d'environ 300. petites Pieces, Oiseaux, Animaux, Bas-reliefs d'Eneas Vicus, & autres.

150 Porte-feuille d'environ 100. Pieces ramassées.

151 Porte-feuille d'environ 150. Pieces.

152 Recueil de 124. Pieces choisies de plusieurs anciens Maîtres.

153 Recueil de 324. grandes Pieces d'Antiquitez de Rome, & autres, dont *Thermæ Diocletiani*.

154 Recueil de 406. Pieces, de Chauveau.

155 Recueil de Desseins à la main en 5. vol.

156 Porte-feuille de 40. grandes Pieces choisies, avec les Religieux de la Trape en 25. feuilles.

157 Porte-feuille de 324. petites Pieces de Stella, & autres Maîtres.

158 Recueil de 196. Pieces, dont les Gueux de Quast en 24. figures.

159 Recueil de 111. petites Pieces d'Alb. Durer, d'Aldegrave, &c.

160 Recueil de 212. Pieces d'Otto Vænius, Perelle, Mauperche, Chauveau, &c.

161 Recueil de 164. Pieces, de Perelle, Sylvestre, Vischer, &
autres.
162 Recueil de 578. Pieces, de differens Auteurs.
163 Antiquæ Urbis splendor. 218
164 Recueil de 173. Pieces de differentes Veuës d'Espagne, avec
les Enfans d'Holstein, & les Ornemens de Vauquier.
165 7. Volumes de 360. Figures diverses, & de differens Auteurs.
166 5. Volumes de 171. Figures differentes de la Bible.
167 Porte-feüille de 189. petites Pieces, dont 120. de Jonas
Umbach.
268 3. Volumes de 105. Pieces, de Callot.
169 20. Volumes de 1892. Pieces des divers Habits anciens des
Nations, à pied & à cheval.
170 5. Volumes de 191. Pieces de Vies de Saints particuliers.
171 8. Volumes de 643. Pieces differentes.
172 Recueil de 150. Figures, dont plus de la moitié sont de Callot.
173 L'Apocalypse d'Albert Durer en 16. grandes Figures.
174 Recueil d'Ornemens de Maistre Estienne, & autres Pieces. 94
175 Recueil de 153. Pieces de differens Ornemens, Cartouches,
Masques, &c.
176 Recueil de 158. Pieces de divers excellens Maistres, Alb. Durer, C. Cort, Perrier, Jean Sadeler, Orlandini, & autres.
177 Recueil de 247. Pieces ramassées.
178 Ornemens & Vases de Stella, en 116. Pieces.
179 Recueil de 43. Pieces differentes.

PORTRAITS.

1 TRes grand porte-feüille de 517. grands Portraits.
2 Grand porte-feüille de 344. Portraits, d'Edelinch, Van
Scuppen, Ertinger, Poüilly, Melan, & autres.
3 Grand porte-feüille de 979. Portraits de Gens de Robe, &
de Princes François, des meilleurs Graveurs.
4 Grand porte-feüille de 918 Portraits de Papes, Cardinaux,
Prelats, & autres Ecclesiastiques illustres.
5 Grand porte-feüille de 1174 Portraits d'Empereurs, Rois,
Princes, & illustres Etrangers.
6 Grand porte-feüille de 1650. Portraits d'hommes illustres
dans l'Epée & dans les Lettres.
7 Recueil de 400. Portraits de Nanteüil, maroquin.
8 Recueil de 266. Portraits noirs à la maniere d'Angleterre,
de Smith, Bloeteling, & autres.
9 Recueil de 394. grands Portraits d'Hommes illustres, de
Vosslermans, Vandick, &c.
10 241. Portraits des Papes, de Suite, jusqu'à Innocent XI.
11 Recueil de 118. Portraits de Princes Etrangers.
12 Recueil de 264. Portraits de differens Maistres.

A. iiij

13 Recueil de 260. Portraits, de L. Kilian.
14 Recueil de 102. grands Portraits en Paftel, de Dumou-
   tier.
15 Recueil de 128. autres Portraits . en paftel.
16 Porte-feüille de 23. Portraits de divers bons Maiftres.
17 Theatre des Princes de Vifcher, contenant 46. grands Portraits.
18 Hommes illuftres de Vandick, contenant 110. Portraits.
19 Porte-feüille de 30. grands Portraits en paftel, de Champagne, Porbus, Giufeppino, &c.
20. Recueil de 61. grands Portraits, de Sadeler.
21 Porte-feüille de 231. grands Portraits, 200. de Nanteüil, &
   31. de Suider Hoff.
22 Hommes Illuftres de M. Perrault, en 103. feüilles.
23 Porte feüille de 232. Portraits de Manne, Morin, Nanteüil,
   Rouffelet, Maffon, &c.
24 Porte feüille de 184. Portraits d'anciens Philofophes.
25 Recueil de 207. grands & petits Portraits de Vandick.
26 Recueil de 411. Portraits de toutes grandeurs . & de divers
   Maiftres.
27 Porte-feüille de 406. Portraits de T. Leu, de l'Afne, de
   Crifpin de Pafle, Vanfichem, & autres.
28 Porte feüille de 589. Portraits, tant d'Edelinck, Van Schu-
   pen, l'Afne & Maffon, que de Poilly, Montagne, & autres.
29 Recueil de 215. Portraits; dont 116. de Sandrart, & 86. de
   Kuffel, & autres Graveurs d'Allemagne.
30 7. Volumes de Recueils de portraits, de Cardinaux, Peintres, Medecins, & autres Illuftres.   746
31 Recueil de 119. Portraits de Crifpin de Pafle, Rouffelet, &
   autres.
32 14. Porte feüilles in 4. de 1520. Portraits de divers Maiftres.
33 Recueil de 217. Portraits des Plenipotentiaires de Munfter,
   & autres Hommes Illuftres.
34 59. Portraits de Morin.
35 6. Volumes de Recueil de 374. portraits divers, de differens
   pays.
36 1. Volume de 132. portraits de Peintres, en bois.
37 4. Volumes de 811. Portraits, de Moncornet.
38 Recueil de 224. petits Portraits anciens d'Angleterre,
   d'Hollande & de France, avec les Caprices de Callot.
39 2. Volumes de 210. portraits des Rois de France.
40 Recueil de 210. Portraits fous le titre d'Atrium Heroïcum,
   fæculi XVI.
41 5. Volumes de 221. Portraits, dont les Doges de Ve-
   nife.

LIVRES AVEC DES FIGURES,

SÇAVOIR,

D'Arts, d'Eloges, de Descriptions, de Medailles, d'Emblêmes, de Botanique, & autres,

IN FOLIO.

1. Hortus Eystetensis, 2. vol. marroquin jaune.
2. Atlas François, de Jaillot.
3. Roma Sotterranea, Roma.
4. Arcus Septimii Severi, Romæ.
5. Veneria Reale di Savoya, 1672.
6. Fragmenta Vestigii veteris Romæ, &c.
7. Historia di Cremona da Campo.
8. Pitture Antiche da Pietro Santi, del Bellori.
9. Basilica S. Mariæ Majoris.
10. Trasportatione dell' Obelisco Vaticano, del Fontana.
11. Basilica Lugdunensis.
12. Natalis in Evangelia, 1595. marroq.
13. Sandrart Admiranda Statuariæ.
14. Arte di restituire la Navigatione del Tevere, &c.
15. Basilica Lateranensis.
16. ——Vetus Vaticana, Pauli de Angelis.
17. Barlæi Medicea hospes.
18. S. Alessio Dramma Musicale.
19. Theatre des Citez, par Boisseau.
20. 2. Entrée de la Duchesse de la Valete, à Metz.
21. Festa à Cavallo nelle Nozze di Leopoldo Cesare e Margherita delle Spagne.
22. Pompe Funebre de Casimir de Nassau en 1632.
23. Festa fata in Pavia a la Regina di Spagna Spuosa di Philipe IV.
24. Journal du Voyage de Charles II. Roy d'Angleterre en Hollande, 1660.
25. Gratulatio in Adventu Ernesti Archiducis & Isabellæ Austriæ, per Bochium.
26. ——Idem, marroq.
27. Pompa funebris Friderici II. Daniæ Regis.
28. Trasportatione del Corpo di Paolo V. Romæ.
29. Entrée du Roy & de la Reine à Paris, 1662.
30. Entrée de Louis XIII. à Arles en 1622.
31. 2. Entrée de Philippe II. à Anvers, 1549.
32. 2. Entrée d'Henry IV. à Avignon, 1600.
33. Mausolée d'Isabelle Claire Eugenie.
34. Entrée de Louis XIII. à Lyon, 1623.

35 Entrée du Prince de Condé à Dijon.
36 Entrée de la Reine Mere dans les Villes des Pays-Bas.
37 2. Entrée de Louis XIII. à Aix.
38 Réjouïssances faites à Lyon pour la paix de 1660.
39 Voyage de Filipe II. en Portugal, *Portugais*.
40 Feste Theatrali di Cesare Bianchi.
41 Entrée du Roy d'Angleterre à Amsterdam en 1642. *Hol*landois.
42 2. { Entrée de la Reine Mere en Angleterre.
{ —dans les Pays-Bas en 1639.
43 Entrée d'Henry IV. à Lyon, 1595.
44 Entrée de Louis XIII. à Paris au retour de la Rochelle.
45 Festa satra in Brescia nel Ritorno del Card. Morosini.
46 Pompe funebre de Charles V. à Bruxelles.
47 2. Election de l'Empereur à Francfort, 1658.
48 Voyage du Roy à Metz en 1610.
49 Feste celebrate in Napoli nella nascita del Prencipe di Spagna.
50 Funerale d'Amedeo di Savoya, 1637.
51 —d'Anna d'Austria in Roma, 1666.
52 Esequie d'Arrigo IV. Re di Francia in Firenze.
53 Entrée du Duc d'Espernon à Dijon en 1656.
54 Mirame Tragicomedie.
55 Andromeda cantata in Ferrara, 1638.
56 Ermiona rapresentata in Padua, 1656.
57 Introitus Ferdinandi Austriaci in Antuerpiam, cum Figuris Rubens.
58 Pompa funebris Archid. Alberti.
59 Clementis VII. & Caroli V. Introïtus in Bononiam ab Hagenbergio.
60 La Vie de Moyse du petit Bernard, fol. & environ 100. petites pieces du même.
61 Pompe funebre du Comte de Brederode.
62 18. Volumes d'Entrées, Pompes, &c.
63 6. Volumes d'Eloges, d'Entrées & Descriptions, dont Château de Richelieu.
64 L'Epée de Girard Thibaut, fol. *Anvers*. Figures.
65 L'Exercice des Mousquetaires du Roy, fol Figures.
66 Neucastle, Methode de dresser les Chevaux, fig.
67 Pluvinel, Manege Royal, fig.
68 Cours de Mathematique de Luders, fig.
69 5. Volumes de Fortifications, dont Erard.
70 5. Volumes de Fortifications, dont Frisac.
71 4. Volumes, dont Artifices de Feu, de Boillot.
72 3. Volumes, dont Fortifications, de Deville. fig.
73 3. Volumes, dont Mareschal des Logis.
74 { Hugo de Militia Equestri.
{ Artifices de Feu en Allemand.
{ Milice Romaine, de Vvalhausen, ou Vegece en François.
{ Artillerie, de Ufano.

75 3. Volumes, dont Milice Grecque & Romaine, d'Elian & de
      Polybe.
76 Oeuvres de Marollois 1. Volume, 1651.
77 Problêmes d'Architecture, de Blondel, *maroq.*
78 Vitruve de M Perrault, seconde Edition.
79 L'Architecture, de Derant, fol.
80 Antiques de Rome, de De godets, fig.
81 Blondel Cours d'Architecture, fol. 3. Vol. *maroq.*
82 Architectura di Scamozzi.
83 Architecture & le Palladio de Chambray, fol. Paris, 1650.
84 Architecture, de le Pautre.
85 ——Id. de Bosse.
86 ——Id. de Dietterlin, en Allemand, avec une grande variété
      de Desseins particuliers.
87 Vitruvii Architectura diversorum. Elzevier.
88 Architecture de Palladio par Chambray, 1650.
89 ——Idem, en Italien, 1642.
90 Ordonnances des cinq Ordres d'Architecture, de M. Per-
      rault.
91 Les cinq Ordres d'Architecture de Scamozzi, fig.
92 { Du Cerceau Architecture.
    { ——Grands Bastimens de France, 2. volumes.
93 3 Volumes separez du même.
    { Architecture de Francine.
    { —— d. de Labacco, en Italien.
94 { ——Id. de Vredeman
    { Diverses Inventions de Temples, Sepultures & Ornemens
    {   d'Autels, de Van Lochon.
95 5 Volumes d'Architecture de Serlio, tant Italiens que Fran-
      çois.
96 { Architectura con diversi Ornamenti di Batista Montano.
    { —— li Rusconi.
97 { Maniere de Bastir de le Muet, 1623.
    { ——Idem, 1681.
98 Architecture de Vignole en 4. Langues, avec la Boutique de
      Menuiserie, par Crispin de Passe.
99 Architecture de Delorme, 2 Volumes.
100 3—— le Vitruve, tant Italien, que François.
101 Fortification de Dogen, fol.
102 4. Volumes d'Architecture, dont Alb. Durer, Ratti, Des-
      seins d'Epitaphes, &c.
103 Perspective de Niceron.
104 { 5. Volumes, dont Architecture de Dankerts, & Hondius,
    { Les Termes de Sambin, & de Boillot, &c.
105 Jardinages de Mollet à Stokolme.
106 —— le Jacques Boisseau.
107 { e Fidel Jardinier, par Berin.
    { Les Parteries, & Berceaux de Bouteux.
    { Architectura Gallei.
108 4. Volumes de Jousse, Serrurerie, Charpenterie,

109 4. Vol. de Salomon de Caux, des Forces mouvantes, Harmonie, &c.
110 Theatro di Machine di Zonca.
111 Besson. Machines Françoises & Latines.
112 { Boëclerii Theatrum Machinarum.
    { —Ejusd. Architectura curiosa.
113 Machine d'Agostino Ramelli.
114 Phisiologia Kircheriana Kestleri.
115 Ars magna lucis, & umbræ, 2. vol fol. Kircheri.
116 { 4. Vol. Eugenii Horologium Oscillatorium.
    { Nova fontium Philosophia, ferrariæ.
117 5. Vol. de Perspective de Zargues, Marollois, Vignole, & autres.
118 4. Vol. fol. dont Perspective, Durer, &c.
119 Kircherii Musurgia, fol.
120 { Harmonie Universelle de Mersenne.
    { —Idem, Latine, 3. vol.
121 3. Vol. Inventioni di Balli, Zarlino, & la Musette.
122 4. Vol. dont Rosa Ursina. Algebra.
123 De re Metallica Agricolæ, & alia.
124 Arithmetique de Neper, fol.
125 Vivianus de Maximis, & minimis, & autres tels que tels.
126 4. Volumes, donc Sieges d'Esdin & de Dole.
127 { Le Songe de Polyphile.
    { —Le même en Italien.
128 Bayeri Uranometria.
129 Cœlum Stellatum Christianum Schilleri.
130 Petri Appiani Astronomicum Cæsareum, pictura.
131 Summa Anglicana Astrologiæ Judicialis.
132 Gaurici Opera omnia, 2. vol.
133 { Centiloque de Ptolemée.
    { Metaposcopie de Cardan.
    { Allæi Astrologiæ Novæ Methodus.
134 { Coelitis Physiognomia.
    { Taisneri Opus Mathematicum.
    { Baldi Physiognomia.
135 { A Porta Physiognomia.
    { —Magia Naturalis.
136 { Palatii Ephemerides motuum solis.
    { Levera de Viribus Stellarum inerrantium.
    { Les Tables de Lansbergue.
    { Cardanus in Ptolemæum de Astrorum Judiciis.
    { Mullerus de Anno Judaïco.
    { Julius Firmicus, & alii Astronomici.
137 Les Triomphes de Louis le Juste, avec portraits & figures.
138 Historia di Leopoldo Cæsare, avec 80. portraits & 40. Descriptions.
139 Freheri Theatrum Virorum Illustrium, 2. vol. avec plus de 1300. portraits.
140 Regno d'Italia, di Thesauro, 59. portr. & 11. Descriptions.

Les

141 Les Delices de l'Esprit de Desmarets, avec 40. figures de
    Chauveau.
142 Academie des Sciences, 2. vol. 278 Portraits.
143 Mausoleum Regum Ungariæ. 44 Portraits.
144 Theatre d'honneur de la Colombiere, 2. vol.
145 Palatii Monarchiæ Occidentalis, 105. fig.
146 Bavaria sancta & pia, 2. vol. 142. fig.
147 Le Temple des Muses, de Marolles, 60. fig.
148 Tableaux de Philostrate, 1614. gr. pap.
149 ——Idem, 1637.
150 Ædes Barberinæ.
151 La Gallerie des Femmes fortes.
152 Alaric ou Rome vaincuë, 12. fig. de Chauveau.
153 Metamorphoses d'Ovide de Duryer, avec 142. fig.
154 ——de Renoüart.
155 Virgilii Opera, Londini.
156 Les Figures de la Bible, *en bois.*
157 L'Art de la Peinture de Crispin de Pas. Ital. Holl. François
    & Allemand.
158 Traité de la Peinture, de Vinci.
159 Doctrine des Mœurs, de Gomberville.
160 Kircheri Arca Noë.
161 ——Latium.
162 ——Musæum Collegii Romani.
163 Musæum Vvormianum.
164 Cabinet de sainte Genevieve.
165 La Vie de S. François de Paule.
166 Lambecii Bibliotheca Vindobonensis, 7. vol.
167 La Pucelle d'Orleans.
168 Histoire de l'Ordre de la Jarretiere, d'Ashmole, en Anglois,
    avec les figures.
169 Armes & Blazons des Chevaliers du S. Esprit.
170 ——des Chevaliers de la Toison d'Or.
171 Science des Armoiries de Palliot, 1664.
172 Science Heroïque, de la Colombiere.
173 ——Id. avec la Maison de Rosmadec, peinte.
174 Tesseræ Gentilitiæ.
175 Blazon des Armoiries, par Bara.
176 Etat & Comportement des Armes, de Scohier.
177 Armoiries des Connestables, &c. de le Feron.
178 Genealogies des Maistres des Requestes.
179 Blasons des Seigneurs des Etats de Languedoc.
180 Les Seize Quartiers, de le Laboureur.
181 De Rosieres Stemmata Lotharingiæ.
182 Le Roy Muchionatus, Antuerpiensis.
183 Genealogie de la Maison de Bouton.
184 ——des Ducs & Pairs de S. Martin.
185 ——de la Maison de Beauveau.
186 Genealogia Comitum Nassoviæ.
187 Arbor Aniciana Seifridi.

X

188 Le Feron Histoire des Grands Officiers de la Couronne, *du Louvre.*

189 Les Trophées de Brabant.

190 Catalogue des Rois, Princes & Seigneurs d'Angleterre, de Brooke, en Anglois.

191 Marques d'honneur de la Maison de Tassis.

192 Merulæ Antiquitates & Vitæ Vicecomitum Mediolan.

193 Blondelli Genealogiæ Francicæ, 2. volumes en un.

194 Chiffletii Vindiciæ Hispanicæ, & de Ampulla Rhemensi. accesser. Leges Salicæ.

195 Tenacurius adversus Chiffletium.

196 Speneri Heraldica, & Theatrum Nobilitatis Europeæ.

197 Recueil des Pieces d'Armoiries de la Colombiere.

198 Famiglie Toscane & Umbre di Gamurrini. 4. vol.

199 Annales de la Maison de Lynden.

200 Famiglie Nobili di Napoli di Lellis.

201 Historia di Casa Orsina.

202 Nobilta d'Italia del Zazzera, 2. vol.

203 Famiglie di Sicilia di Mugnos, 2. vol.

204 ——Napoletane di Sip. Ammirato, 2. vol.

205 ——Fiorentine dal Stesso.

206 Insegni di Nobili di Campanile.

207 Tesoro militar de Cavalleria, por Marquez.

208 Declaracion de las Armas de España.

209 Affinitates Principum Christianorum.

210 Reusneri Icones Principum Saxoniæ.

211 Pauli Jovii Elogia Virorum Bellica virtute & Litteris Illustrium. *maroq. rouge.*

212 Hommes Illustres de Thevet, 2 vol. *mar. vert, gr. pap.*

213 Bellori Imagines Illustr. Philosophor. Poëtar. &c. 93. *fig.*

214 Boxhornii Monumenta Illustrium.

215 Efigie di 17. Re di Napoli.

216 Onuphrii Elogia 17. Romanor. Pontificum.

217 Tombeaux des Personnes Illustres.

218 Effigies, Vitæ & Elogia clariss. Anglorum.

219 ——Præstantium Theologorum qui adversus Romanos Pontif. scripserunt.

220 Genealogia Habsburgica.

221 Elogia Illustr. Advocator. Veronensium.

222 Hommes Illustres de ce Siecle, de La Serre.

223 Effigies variæ Sigismundi Baron. in Heberstain.

224 Effigies & Devises de tous les Rois de France.

225 Henninges Theatrum Genealogicum, 4. volumes.

226 Orbis Maritimus. Morisotti.

227 Recueil de 60. grandes Cartes de Sanson, & autres.

228 Theatrum Civitatum, 2. volumes.

229 Histoire de Lyon, de S. Aubin, 2. vol. *marroq. rouge,* & *fig.*

230 Merveilles de Fontainebleau.

231 De Lateranensibus Parietinis.

232 Basilica Lugdunensis.

233 Basilica S. Udalrici cum Exegesi Rer. Augustanarum.
234 Bruxella septenaria.
235 Leo Belgicus, Aitsingeri.
236 Siege de Bolduc.
237 Philippus Prudens cum Iconibus Regum Lusitaniæ.
238 Arborerum Poëticum.
239 Cavallo Frenato di Ferraro.
240 Simmetria de i Corpi humani di Dürero.
241 Cronica de' Re di Francia con le loro effigie.
242 Huomini Illustri della Casa Lercara.
243 Gierusaleme del Tasso, Genova. fig.
244 Ovidii Metamorphoses, fig.
245 Venetia Edificata di Strozzi.
246 Insigniores Romæ Statuarum Icones.
247 Statuta Hospitalis Hierusalem.
248 Kunrat Amphitheatrum Sapientiæ æternæ.
249 Anatomie à l'usage des Peintres, de Tortebat.
250 Eloges des Princesses de la Maison d'Austriche.
251 Ortelii Theatrum orbis.
252 Atlas en François, 6. vol. peint.
253 ——Cælestis, fol. peint.
254 ——Sinensis, fol. peint.
255 Sabaudia & Pedemontium, fol. 1. vol.
256 Belgia Regia & Fœderata, fol. 2. vol.
257 Admiran la Italia, fol. 2. vol.
258 Barlai Brasilia.
259 Belgia Regia, separatim.
260 Italie de Blaeu, en François, peint.
261 Arcano del Mare, fol. 3. vol.
262 Recueil des Cartes de Sanson, fol. 2. vol.
263 Recueil separé, du même.
264 Atlantis Appendix, de Blaeu.
265 Geographia di Tolomeo, fol. Roma, avec divers Plans de
    Villes, &c.
266 Geographie ancienne & Ecclesiastique, de Sanson.
267 Theatre Geographique de la France, par Tavernier.
268 Nicolosi Studio Geographico.
269 Descriptio Provinciarum & Conventuum Capucinorum.
270 Sanderi Brabantia, fol.
271 { Miroir ou Flambeau de la Mer.
    { L'Atlas de Mer, fol. Amsterdam.
272 4. Vol. de Tables & Cartes de Sanson.
273 5. Volumes de Cartes anciennes.
274 { Recueil de Cartes de Vischer, peintes 18.
    { Tables nouvelles de Sanson.
275 Chronologie Universelle, vulgairement dite du Marchand,
    avec les Portraits de toutes les personnes illustres.
276 Hydrographie de Fournier.
277 Meriani Topographiæ Variæ, fol. 24. vol. Ffurti cum fig.
278 ——Ejusdem Chronica Gottofridi, cum fig.

B ij

279 ——Ejuſdem vol. duo ſcorſim.
280 Le Monde, de Davity, 6. vol.
281 2. Volumes de Plans de Villes, de Merian & autres
282 {
Indiæ Orientalis Navigationes, à Theodoro de Bryé partibus XIII. fol. 2. vol.
Indiæ Occidentalis, ſeu Americæ Navigationes, ab eodem, partibus XIII. fol. 3. vol.
283 {
Navigations de Linſchot, avec fig.
Hiſtoire des Indes, de Vvitſliet, avec fig.
284 Voyages divers de Thevenot, fol. 4. vol. 1696.
285 Viaggi de Ramuſio, fol. 3. volumes, bonne Edition.
286 Afrique de Daper
287 Chine de Kircher,
288 ——La meſme en Latin.
289 Deſcription de la Morée, par Coronelli, fol.
290 Ambaſſade des Hollandois au Japon, fol.
291 ——— à la Chine, fol.
292 Voyages de Chardin, fol.
293 4. Volumes de Voyageurs, dont Herrera.
294 5. Volumes de Relations en Eſpagnol, dont Mendez Pinto.
295 {
Hieroglifica Pierii.
—— Le meſme, François.
296 Aquila inter Lillia.
297 Poſitiones ſacræ de Euchariſtiâ.
298 Iconologie de Ripa.
299 Impreſe di Luca Contile.
300 Mundo Simbolico di Ficinelli.
301 Savedra Simbola Politica.
302 Theatro di Impreſe di Ferro, 3. vol.
303 Corona Gratulatoria Univerſ. Saliſburgienſis.
304 Solorzano Emblemata politica.
305 Argutezze Heroïche di Theſauro.
306 Impreſe di Pittori.
307 Typotii Simbola divina & humana.
308 Theatrum omnium ſcientiarum, Cacacii.
309 {
Impreſe di Lodoïco Dolce.
——di Rucelli, *maroqin rouge*.
310. Oeuvres poëtiques de Vander Noot.
311 Gruteri, Lipſii, Sponii & Reyneſii Inſcriptiones, 4. vol.
312 {
Goltzii Faſti, Sicilia & Magna Græcia
——Vite de gl'Imperatori.
313 Inſcriptiones Vetuſtatis Petr. Apiani, *Ingolſtad*.
314 {
Stuxii Antiquitates Conviviales.
—— Id. De Sacrificiis.
315 Sigonii Faſti Conſulares.
316 {
Onuphrius de ludis Circenſibus, 1500.
——Antiquitates Veronenſes.
——Faſti Conſulares.
——De Republica Romana.

[] Commentarius in Libb. Faftorum de Ludis fecu-
[] laribus , de fybillis & nominibus Romanorum
[] ——De Comitiis Imperatoriis.
317 Gruchius de Comitiis Romanorum.
318 Pighii Annales Romanorum , 3. vol.
319 Ant. Auguftini Numifmata Imperator.
320 Dialoghi d'Anton. Agoftini fopra le Medaglie , Roma.
321 Ant. Auguftini Familiæ Romanæ.
322 Patim Familiæ Romanæ.
323 ——Numifmata Imperator. Argentinæ.
324 Pontificum Romanorum Numifmata , Du Molinet.
325 Occonis Numifmata , Mediobarbi.
326 Vaillant Numifmata Coloniar. 2. vol.
327 Medailles des Imperatrices Romaines.
328 Pancirolli Notitia Dignitatum Imperii.
329 Notitia Provinciarum Imperii Romani.
330 Begeri Thefaurus Palatinus.
331 Cafalius de Urbe & Imperio Romano.
332 Commentaires hiftoriques de Triftan , 4. vol.
333 Hiftoria Augufta d'Angeloni . 1641.
334 ——Idem di Bellori , 1685.
335 Gorlæi Numifmata Romanorum.
336 { Boiffardi Antiq. Romanæ fol. 6. vol. en 2.
    { ——Ejufd. de Divinat. & præftigiis, & Mufarum Imagines.
337 { Streinnii ftemmata Romanorum.
    { Vulthemii Dyptichon Leodienfe cum appendice.
338 Antiquitez de Nifmes , par Poldo.
339 Sarainæ Antiquitates Veronenfes.
340 Inghirami Antiquitates Ethrufcæ.
341 Marmora Oxonienfia.
342 Urfati Monumenta Patavina.
343 Ferretii Mufæ Lapidariæ.
344 Icones Antiq. Statuar. Urbis Romæ.
345 Mufeo Mofcardo, Paduæ.
346 Le Roy Achates Tiberianus.
347 Ciaconii Hiftoria Belli Dacici.
348 Cufpinianus de Cæfaribus Romanis.
347 Bellendenus de tribus luminibus Roman.
350 Frabetti de Columna Trajani.
351 Du Cange , Familiæ Bizantinæ.
352 Luckii Numifmata.
353 Collectio variorum Numifmatum Romanorum.
354 Boxhornii Numifmata.
355 Fendt Monumenta fepulcralia 1574. Uratiflaviæ.
356 Robortellus de convenientia fupputationis Livianæ cum
    Marmoribus.
357 Velferi Res Auguftanæ.
358 Aguglia che mando drizzare Sixto V, con l'Explicatione de'
    Hieroglifici , fol.
359 Licetus de lucernis Antiquorum.

360 Licetus De gemmis Annularibus.
361 Recherches des Monnoies de Boutroue, grand papier.
362 Histoire metallique d'Hollande, de Bizot,
363 Histoire du Roy par Medailles, du P. Meneftrier,
364 Scriekii Origines Celticæ, fol. 2. vol.
365 De re Diplomatica Mabilloni,
366 Matthiolo di Dioscoride, Valgrisio, 1585. *maroq. rouge.*
367 ——Le même en François,
368 Theophrasti Historia Plantarum, Gr. Lat. 1644:
369 Dodonæi stirpium Historia,
370 Historia Plantarum Fuchsii,
371 Hesperides Jo. Baptistæ Ferrarii,
372 Hortus Regius Robini,
373 ——Id.——par Vallot, grand papier, *maroq. rouge,*
374 Math. de Lobel, Historia Plantar. Londini, *maroquin rouge,*
375 Breynius de Plantis, Gedani,
376 Malpigii Anatomia Plantarum, *maroquin rouge,*
377 Ruellius de natura Stirpium,
378 Histoire naturelle de Pline,
379 Brunnii Herbarium,
380 Jonstonius de Arboribus,
381 ——Id de Animalibus, 4. volumes, *maroquin rouge,*
382 Pisonis historia Plantarum Indiæ,
383 ——Ejusdem de Simplicibus Brasiliæ.
384 Index Nominum Plantarum Mentzellii.
385 Nardi Antonii Recchi Novæ Hispaniæ plantæ,
386 Hortus Malabaricus, 8. volumes,
387 Ambrosinus de Plantis,
388 Curtii Hortorum Cultura,
389 Florilegium Svvertii,
390 Hortus Floridus Crisp. Passei, 1614.
391 Gazophilacium Besleri, 2. volumes,
392 Musæum Franc. Calceolarii,
393 Rariores Plantæ horti Farnesiani,
394 Baccius de Vinis,
395 ——De Termis,
396 Legno Fossile, Linceo,
397 Aldrovandi Opera, 12. volumes, maroquin rouge,
398 Deux volumes de Plantes sechées, attachées soigneusement
      sur du papier, & arrangées par ordre alphabetique,
399 Ornithologia Franc. Vvillughbei, Londini, 1676.
400 ——Le même en Anglois, 1678.
401 Gesneri Aistoria Animalium, 4. volumes,
402 Eusebii Historia Naturæ,
403 Bellon, de la Nature des Oyseaux,
404 Rondelet, des Poissons,
405 Raii Historia Piscium,
406 Spigelii Anatomia, Amstelodami,
407 And. Vesalii Anatomia,

408 { Aquapendente de Ovo & Pullo , } maroquin rouge,
     —— De locutione ,
409 Caffenius de Anatomia vocis ,
410 Oeuvres de du Laurens ,
411 Oeuvres d'Ambroife Paré ,
412 Armamentarium Chirurgicum ,
413 Chirurgie de Guillemeau ,
414 Gorræi Definitiones Medicæ ,
415 Campus Elifius ,
416 Geneantropeia Sinibaldi ,
417 Pharmacopea Auguftana ,
418 Onomafticon Medicinæ Brunfelfi
419 Le Jardin de Santé.
420 Fœfii Occonomia Hypocratis ,
421 Licetus de Ortu Spontaneo viventium ,
422 —— De Anima ,
423 Campanellæ Philofophia , maroquin rouge ,
424 Gaffendi Opera , 4. volumes , maroquin rouge ,
425 Phytognomonica Joannis Portæ ,
426 { Fludii Philofophia Mofaïca ,
     { —— Opera omnia , 8. volumes ,
427 Philofophia Magnetica ,
428 Naturali Efperienze del Gr. Duca di Tofcana , con figure ,

LIVRES DE FIGURES in Quarto.

1 THeod. Gallæi Vita S. Norbetti , fig. 34.
2 —— Ejufdem Miracula ss. Rofarii , 1610. fig. 15
3 Les Effigies des Saints pour l'année , fig. 300
4 Lib. Genefis , Crifp. de Paffe , 1623. 69
5 L'Hiftoire de Nôtre-Dame de Lieffe , par Stella , gravé par
     Poilly , 8.
6 { Vie de fainte Catherine de Sienne , de Galle , 32
     { Les Hermites & Rofaire , du mefme , 60
7 La Foreft des Hermites , par Bolfwert en vers 1619. 26
8 Les Travaux d'Uliffe , par Renatus , 25
9 Icones Biblicæ Veteris & Novi Teftamenti , Melch. Kyfel ,
     1679. 2. volumes , 190
10 Les petites Figures de la Bible , par Tempefte , 50
11 Icones ad Veridicum Chriftianum David , Gallæus , 120
12 Hiftoire de l'Inftitution des Ordres des Religieux , par Fia-
     letti ,
13 Figures des habits des Chanoines Reguliers , par Molinet ,
     72
14 Reprefentation d'Amfterdam & de fes Baftimens , à Am-
     fterdam , 1688. 70
15 Batavorum cum Romanis Bellum Othonis Vænii , Tempefta ,
     Antuerpiæ , 36
16 De effectu planetarum , & malis , 28.

17 Vingt-quatre feüilles chargées de petites figures de Theodore de Bryc, 25

18 Recueil des plus illustres Proverbes, Lagnier 5. vol. 200

19 { Les Payfages de Merian, 1620.
   { Argentorati, premieres épreuves.   } 160

20 { Infigniores ftatuarum urbis Romæ Icones 2. vol.
   { Ædificiorum & Ruinarum monumenta, Fontana: } 225

21 { Les ftatuës de Michel-Ange, 73
   { Exemplar del Difegno di Caracci, 50   } 125

22 Emblemata Theod. de Bry, 150

23 Recueil de Payfages de Sylveftre & de Stella, environ 75

24 4. volumes Recueil de le Leu ; les Hermites ; Ruines de Rome ; Metamorphofes, environ 220

25 { 5. vol. Chafles de Philip. Gall. 47
   { Les Animaux de Bolfvert, 14
   { Divers de Crifp. de Pafle,
   { Van Nieuland Rudera, Rom.
   { Les petites Chafles de Tempefte,
   { Les Eloges de Raphaël,   } 220

26 { 4. Volumes de Deffeins à la main,
   { Emblêmes & Hiftoire en paftel, environ   } 300

27 4. volumes d'Ornemens & Cartouches 110

28 { Deorum Dearumque capita Ortelii, 1602.
   { & Emblêmes, 155
   { P. Petavii Antiquariæ fupellectilis portiuncula, Paris 1610.
   { Ejufdem de Nithardo Caroli-Magni Nepote ibid. 1613.
   { Documenti d'amore Blomaert,

29 7. Volumes de Pieté en bois de la Bible, & quelques Emblêmes, environ 500

30 { Recueils de Plans profils de plufieurs Chafteaux, Eglifes & Hoftels, de Marot, 100
   { Recueil des Ornemens de Philippon ; les Vafes de Marel tres-beaux, 125
   { Quelques Vûës de Rome, de Mercati, 50

31 4. Volumes dont Fables d'Efope ; les grands Travaux de Jafon ; les Poiffons & Animaux, de Flamen, 230

32 { 5. Volumes de Topographie,
   { Plans & Profils, par Beaulieu, 200

33 { Payfages de Merian, de Bolfverd & quelques autres, 155
   { Statuës de Rome, par Boiffard, 25

34 { Centuria fimilitudinum fub umbris Imaginum, per Daniel. Suderman.
   { Les habits, mœurs & ceremonies, anciennes & modernes, par J. de Gen. Liegeois,
   { Les mêmes & plus amples en Italien da Cefare Vecellio, in Venetia 1590
   { Philofophie des Images, par Meneftrier, 2. volumes,
   { L'Art des Devifes & Emblêmes du mefme, 2. volumes,
   { Chartiludium Logicæ, five Memoria Logica, Murrier,

Partheneia sacra , chez J. Cousturier 1633. Angl.
Humanæ salutis Monumenta , Plantin 1571. gravée par Pet. Vander Borcht ,
Dichos Lindos y Galanes P. Damas y Señores de Francia ,
Les Roses de l'Amour celeste ; Emblême 1619.
35 Catechismus R. Christ. Jo. Spangen 1561.
Idem de P. Canisius François ,
L'Entrée de la Reine à Lyon le 3. Decembre 1600.
Des sepultures , de Velles , Paris 1613.
Les Chiffres , Fleurons , Emblêmes par Verien , les 3. parties ensemble.
Livres de chiffres de Mavelot ,
L'Amour de Cupido & de Psiché en 32. p.
Linguæ Vitia , Virtutes & Remedia , fig.
Imp. Romanorum series , per L. Hulsium 1603.
Morelli specimen rei Nummariæ ,
Seldenus de Diis Syris 1681.
36 Les Ouvrages magnifiques des Anciens , par Malingre ,
Carol. Paschalii Coronæ opus , 1671. fig.
Pet. Petitus de Amazonibus ,
Val. Andreæ Bibliotheca Belgica 1623.
Drammaturgia di Leone Allacci, divisa in sette indici , in Roma 1666.
Belisarii Aragonum Ducis Libelli aliquot , de Venatione, de Aucupio , de re Militari ,
Joan. Rhodius de re nummaria ,
Bellum Grammaticale , Lugd. 1551.
37 L'Intitulation & Recueil des Oeuvres de Bernard de Bluet d'Arberes , Comte de Permission , Chevalier Suisse , qui ne sçait ni lire , ni écrire , & n'y a jamais appris , mais par inspiration de Dieu & conduite des Anges , à Paris , 1600.
Ciaconius de Triclinio , Romæ.
Procez Verbal de la Recherche de la Noblesse de Champagne , par M. de Caumartin , à Châlons 1623.
Origine des Armoiries , Meneftrier ,
—— Des Ornemens , 2. volumes ,
38 Les especes de Noblesse , & des Preuves , de Meneftrier ,
—— L'Art du Blazon ,
Le Jeu des Armoiries ,
Art. du Blason , ou l'Usage des Armoiries , 2. volumes ,
Combat à la Barriere du Duc de Mercœur à Nantes, 1597.

5. Volumes de 273. Portraits ; sçavoir ,
Omnium Electorum Principum , Legatorum &c. Icones, Mathias Sommern. Ratisbonæ 1667. 62
39 Effigies & nomina Cardinalium sub Alexandr. VII. viventium , per Josephum Teftanam , 72
Illustrium Philosophorum & Poëtarum Jurisconsultor , Parisiis 1566. & Romæ 1566. 32

Idem Romæ 1569. 80
Avec les 27. Papes d'Onuphrius, 27
        5. Volumes de Portraits; sçavoir,
Recueil des Empereurs, par Nicolas de Clerck, 97
40   Portraits de Philosophes, Medecins & Empereurs, 200
Scena d'Huomini Illustri; 80
        Quinze Volumes de Portraits; sçavoir,
Effigies omnium Romanorum Pontificum, J. Bap. Cavallerii, Romæ 1595.
Icones & Imagines vivæ Litter. Virorum, Valdxerxiano Auctore 1599.
Romanorum Impetarorum effigies J. Baptistæ Cavallerii, Romæ 1583.
Virorum Illustrium Ord. s. Augustini Elogia, Cornel. Curtio, G. Gallo Sculp.
41   Illustrium Anachoretarum Elogia Jacob. Cavacio, Venetiis 1625.
Gli Eroi della Casa d'Este, ch'hebbero il Dominio di Ferrara, di Francisco Berni, in Fertara 1640.
Microscopium Physiognomiæ Medicum Helvetii, 1676.
Imagines Doctorum virorum Val. Andræx,
Auriaco-Nassovia domus, sive Vitæ Principum Auriacorum 1673.
De Bello Suecico Gull. Adolphi, Leodii, 1643.
Vvapenbuch Emblemata & Icones 1579. Francof.
Les pieux desirs, par Herm. Hugo, par Bolsvvert, 1627.
Ant. Sucquet, Via vitæ æternæ, à Bolsvvert, 1625.
Vitæ Passionis & Mortis Jesu Christi Mysteria, per B. Bolsvvert, ibid. Antuerp. 1615.
42   Duodecim specula, J. David Antuerpiæ,
Eloges des Personnes illustres, de l'ancien Testament, par Doujat,
Les Devots élancemens, Pontamousson, 1603.
Rosarium sive Psalterium B. Mariæ Virginis, Antuerp. 1604. Fig.
Vita della Madre di Dio, con humanita del Redentor del mondo, di Bartol. Meduna in Venegia 1571. figur.
Les Elemens de la Pourtraiture, par Igny,
Livre pour apprendre à dessiner, par Israël & Dellabella,
L'Art de Peinture de du Fresnoy, de M. de Pil,
——Du mesme de Pil, Dissertations sur les Ouvrages des plus fameux Peintres, 1687.
——Du mesme, Conversations sur la connoissance de la Peinture, & de Rubens & de ses plus beaux Ouvrages, 1677.
Histoire des Arts qui ont rapport au Dessein, par Monsieur Monier 1698.
Leçons pour peindre en Miniature, par Mademoiselle Catherine Perrot, 1686.
43   Traité de Mignature pour apprendre sans Maistres, 1677.

Descriptions de Peintures & d'autres Ouvrages faits pour
le Roy 1689.
Explication des Tableaux de Versailles, 1681
De Pictura plastica statuaria J. C. Bulengeri, 1627.
Le Minere della Pittura di Marco Boscini, 1664.
Studio di Pittura, Scoltura nelle chiese di Roma del Abbà
Titi, in Roma 1674.
Disegno del doni della Scoltura & Pittura, de Colori,
&c. Venet. 1549.
Sentimens sur la distinction des manieres de Peinture,
par Bosse, 1649.

Un gros Volume in folio de Fleurs, en maroquin,
contenant 259. Pieces ; sçavoir,

44
{
De Nicol. à Flore, 24
De Bailly, 12
De Vauquer, par Poilly, 41
De Baptiste en petit, 21
——Du mesme en grand, 14
De Robert, par Poilly en petit, 45
——Du même en grand, 46
Les Oyseaux, du mesme, 56
}

45
{
Plantarum seu stirpium Icones, Antuerpiæ,
——Idem Tabernæ Montani, ibidem,
Fabii Columnæ Purpura, minus cognitar. stirpium ex-
phrasis partes duæ, &c.
Abr. Muntingius de vera antiquor. herba Britannica,
——Ejusdem Aloïdarium sive Aloës Historia. Amste-
lod 1681.
}

46
{
Prosp. Alpinus de plantis Ægypti, de Balsamo,
——De Plantis exoticis,
Ordre du Dessein du Jardin Royal de la Brosse, avec sa
défense. —— Historia de Gumma Indica,
Hortus Academicus Lugduno Batavus,
J. Ferrarius de Cultura Florum, Romæ,
Instructions pour le Plant des meuriers,
Le Mercure Indien, 8
}

47
{
Le Jardinier Hollandois,
Jo. B. Porte Villa,
L'Agricoltura di ag. Gallo,
P. Crescentio della Villa & delle herbe, 1561 fig.
Trattato dell Agricoltura di P. Crescentio, 1605.
}

48
{
Elemens de Botanique, par Tournefort, 3. volumes,
Pinax rerum naturalium Vegetab. Merret,
Fuchs Histoi.e des Plantes, peintes,
Hortus Regius Blesensis,
Le Tresor des Parterres des Jardinages, par Laris,
Gaspar Bauhinus de Lapi le Bezaaris,
}

49 11. Volumes de toutes sortes de Blasons anciens & modernes
Manuscrits & peints.

Schoonhovii Emblemata,
Emblemata Zincgrefii,
Meisneri Sciagraphia Cosmica, 2. volumes,
Parvus Mundus,
Reusnerii Emblemata,
Macci Emblemata,
Bruck Emblemata Politica,
Gozzii Lemmata,
Casoni Emblemi politici,
Imprese di Cesare Trevisani,
Galeus de Diis Gentium,
Barement, Morale des Animaux,   } Maroquin.
Emblemas Morales de Horosco,
Emblemata Altorfina,
Rollentagii Nucleus Emblematum, 2. volumes,
Imprese del Re Phelip. II.
Gambara de rebus sacris,
Imprese di Fabrici,
Veridicus Christianus Joan. David,
Emblemata Horatiana Oth. Vænii,
Occasio arepta negletta Joan. David,
A Petra sancta de simbolis heroïcis,
Alciati Emblemata, Patavii,
Camerari Emblemata simbolica,
Mitologia Ethica Freitagii,
Theatre d'Amours,
Otho-Vænii Emblemata Amoris divini,
Emblemes d'Amours & des Mœurs,
Emblemata Amoris Otho-Væni,
—— d'Amours, peint,
——Amatoria,
—— Pro Toga & Sago,
S. Epiphanij Phisiologus,
Imprese de Jovio,
——Id. en Italien,
Pronosticatio Paracelsi,
L'Oculati opusculi del Benavizi,
Jordani Vaticinia,
Bocchii Quæstiones,
L'Art des Devises de le Moine,
La Devise du Roy justifiée,
Cinquante Devises pour Monsieur Colbert,
Les Devises du Carousel, 1612.
——de Chaumel,
Fables d'Esope,
Mundi lapis Lidius,
Apologi di Capaccio,
Devises de Carousels,
Imprese di Ghiraldi,

Ariæ Montani Emblemata,
Theatre des Animaux,

Roma vetus ac recens, Donati,
Rosini Antiquitates Romanæ,
65 —idem Lugd. Batav 1672.
Rycquius de Capitolio Romano,

Origo Italiæ ac Romæ, Hugonis,
Roma Antica di Nardini,
Lacarii Historia Romana,

66 Bullengerus de Imperatore Romano,
Goltzii, Thesaurus Rei Antiquariæ,
Imperatorum Romanorum Numismata Aurea Hemelar
   ex museo D. de Croye,

Vaillant Regum Siriæ Numismata,
—Ejusdem Imperatorum Romanorum,
—Ejusdem Numismata Græca Imperatorum,
—Ejusdem Numismata è museo D. de Camp,
67 Spanhemius de usu Numismatum,
—Ejusdem—Editio secunda 1671. Amstelodami,
Le Poix des Medailles.
Medaglioni piu Rari del Cardin. Carpegna,

Oiselii Numismata,
Occonis Numismata August. Vendel, 1601.
Hulsii XII. Cæsarum, & 53. ipsorum Uxorum Numismata,
68 Numismata aurea, de Bie,
Les Cesars de l'Empereur Julien, Spanheim,
Antonio Agustino sopra le Medaglie,
Fulvii Ursini Imagines,

Pignorii Mensa Iliaca,
   Æneæ Vici Imperatorum Numismata,
   —Iandi Numismata,
Ænea Vico, Medaglie antiche,
Menestrier, des anciens Empereurs,
69 Jeux seculaires, par Rainsan,
   Æneæ Vici Augustarum Imagines,
   —Imperatorum Numismata,
   —Discorsi sopra le Medaglie,
Seguini selecta Numismata. 1684.
Petavii Antiquaria supellectilis,

Erizzo sopra le Medaglie,
Harduini Nummi antiqui,
Patini Thesaurus Numismatum,
Savot, des Medailles antiques,
70 Simeoni Dialogo sopra le Medaglie,
Seldenus de Nummis,
Collectio variorum Numismatum,
—Effigium Imperatorum Romanorum,
Bornitius de Nummis,

Prontuario delle Medaglie, 2. Edizione di Rovillio,
Laccari Coloniarum Galliæ Historia,
Laccari Historia Romanorum, Siriæ, &c.
Reliquiæ Augustorum & Augustarum Imagines Æneæ Vici,

71 — Illustratione de gl' Epitafi aintichi, Simeoni,
Explication d'un Monument trouvé par l'Abbé Nicaise,
Anton. August. & Fulvius Ursinus de Familiis Romanis,
Marmi antiqui del Zabarella,
Pignoria, Origini di Padua,
Marmi eruditi d'ell' Orsato,

Apotheosis Homeri, Cuperi,
Marmor Pisanum Chimentellii,
Memoriæ Bresciane di Rossi,
.72 — Statua Dianæ Ephesiæ Menestrei,
Gemme antiche di Leon. Agostini, Roma, 2. volumes,
Recherches d'Antiquitez de Spon.
Imagini de gli Dei, di Cartari,
——Idem latinè,

73 Bergier, les grands chemins de l'Empire. grand papier,

Marmora Arundelliana,
Series Imperatorum Romanorum, cum Chiffletio de Othonibus æreis,
Salmasii Explicatio inscriptionum duarum,
Bonifacii Urania;
Gallus Romæ hospes Demontiosii,
74 — Liceti, Elia Lelia Crispis,
Thomassinus de Donariis & Tabellis votivis,
Du Choul, la Religion des Romains,
——Idem latinè,
Ortelii Deorum Dearumque capita,
Historia Deorum fatidicorum,
Casalius de Ritibus Veterum,
Lipsius de Amphiteatro,

Gorlei Dactiliotheca,
  Ercherus de re Monetaria Antiquorum,
  Vvaserus de Nummis antiquorum Hebræorum,
Lomeyerus de Lustrationibus Veterum,
75 — Portius de Mensuris & Ponderibus,
Baysius de re Vestiaria,
Capellus de Ponderibus, Nummis & Mensuris,
Meibomius de fabrica Triremium,
Schefferus de re Vehiculari,
Baisius de re Navali, & de Vasculis, &c.

Sigonius de antiquo Jure Romanorum,
Boxhornii Quæstiones Romanæ,
Bulengerus de Tributis Populi Romani,
Fabri de Re Athletica,
76 — Mercurialis de Arte Gimnastica,
Rigaltius de Re Agraria,

Valerius Probus, & Petrus Diaconus de Notis Roma-
  norum,
Licerus de Lucernis Antiquorum,
Gaudentius de funere Heroüm,
Pompe funebri de Tutti le Nationi,
Recueil de Chyndonax, avec les anciennes Sepultures,
Hausenius de Jurejurando Romanorum,
Lipsii Saturnalia, & de Gladiatoribus;
Schefferus de Militia Navali,
Nonnius de re Cibaria,
Fabrettus de Aquæ-ductibus Romanorum,
Gutherius de Veteris Romæ Jure Pontificio,
Ferrarius de re Vestiaria, 2. volumes,
77 { Rei Accipitrariæ Scriptores,
Budelli Scriptores de re Nummaria,
Nicasius de Nummo Panthæo,
Pagy. de Consulibus Cæsareis,
Description de la Limagne d'Auvergne,
Les Emblèmes de Simeoni,
——Idem, avec les Devises de Paul Joue,
Anastasis Childerici Chiffletii,
Macarii Abraxas, Chiffletii,
—— Ejusdem Chiffletii Vesuntio,
78 { Monumenta Paderbornensia, grand papier,
Provverii Antiquitates Fuldenses,
Monumenta Basilæensia, Toniolæ,
Goldastus de re Monetaria,
Le Blanc, des Monnoies de France,
Recueil en manuscrits de toutes les Monnoyes françoises
   & étrangeres,
79 { Figures des Monnoyes de France manuscrites, depuis Phi-
   lippe Auguste, jusqu'à Henry II.
80 Boissardi Icones, 6. volumes,
Tomassini Elogia Virorum Illustrium, 2. volumes,
——Vita del Duca Valentino,
81 { Imperialis, Musæum historicum,
Elogi de Capitani Illustri,
Spizelii Templum Honoris,
Glorie de gl' Incogniti,
Gaddii Elogia Omnigena,
——Id.—— en Italien,
Theatro d'Huomini Illustri di Ghilini,
Historia del Capitan Coglione,
82 { Cappacii Elogia Virorum & Mulierum Illustrium,
Vite de gl' Imperatori del Ciccarelli,
Junii Academia & modi habitus Ordinum Religiosorum,
Vite de Principi de Venegia,
Vasconsellos de Regibus Lusitaniæ,
{ Icones Illustr. Hollandiæ & Zelandiæ,
{ Index Manuscriptorum Bibliothecæ Augustanæ,

Les Effigies des Souverains de Brabant,
Les Portraits des Plenipotentiaires de Munster,
Vita de i Duchi Milanesi,
Illustres Ordinum Hollantiæ & Frisiæ,
Vie de Maistre Charles du Moulin,
Illustrium Jure-Consultorum Imagines,
83 { Mulleri, Imagines Musæi Jovjani,
Icones Diversor. fama Illustrium,
Effigies Regum Francorum,
Causæ Regum inter se Belligerantium,
Icones Regum Poloniæ,
Trelæi Reges Austrasiæ,
Meursii Athenæ Batavæ,

Hamconii Frisia,
Memoires de la Princesse d'Orange,
Ritratti & Elogi della Casa Moncada, 2. volumes,
Elogi d'Huomini Litterati di Craslo, 2. volumes,
84 { Kircheri Domus Joannia,
Ranizovii Historia Arcium, Palatiorum, &c.
Emmii Guill. Ludovicus Nassovius,
Bezæ Icones Illustrium,
Colomesii Gallia Orientalis,

Chronique des Ducs de Brabant, par Barlande,
Illustri Barbieri & Chirurgi,
Apologia di Cesare, del Guarino,
Gassendus de Vita Tyconis Brahei & aliorum Astronom
85 { Foglieræ Elogia Clarorum Ligurum,
Gallæi Imagines Illustrium Doctorum,
La Vie de Monsieur Descartes,
De Rebus præclarè gestis à Sixto V.
Miræi Elogia Belgica,
Elogia Regum Bohemiæ,

Batavia illustrata Scriverii,
Loyens de Ducibus Brabantiæ,
86 { Thomassini, Petrarcha Redivivus & Tit. Livius Patavinus,
Vite de gl'Illustri di Plutarco,
3.vol d'Hommes Illustres, en Allemand & Flamand,

Vite de Pontefici di Cicarelli,
Rubei, Bonifacius VIII.
Caracioli de Vita Pauli IV.
La Vie de saint Charles Borromée, de Soulfour,
87 { —du Cardinal Commendon, } par Flechier
—du Cardinal Ximenes,
—du Cardinal de Berulle, par Habert,
Eloges des Cardinaux, par Aubry,

La Vie de saint Thomas de Cantorbery,
Eloges des Archevêques de Paris,
88 { La Vie D. Barthelemy des Martyrs,
—du P. de Condren,

—du P. Faure,
—de saint Louis,
Blanche de Castille,
Fondateurs d'Ordres, par Beurrier,
—Id. de l'Abbaye de Liessies,
Fondatrices Religieuses,
La Vie de Robert d'Arbrissele,
—de Philippe de Benizi,
89 ——Id. en Italien,
Vida y obras de s. Teresa,
La Vie du Bienheureux Jean de Dieu,
Vita di Francesca Romana,
Vie de la M. Françoise de saint Bernard,
Vita XII. Virginum & Martyrum,
Filles Illustres de saint Benoist,
Vita di Lavinia Seinardi,
Vie de la Mere Magdelaine de saint Joseph,
Vita della B. Caterina di Genova,
90 Corona sacra Cisterciense,
Elogia Illustrium Ord. Eremitarum s. Augustini,
Certamen Seraphicum in Anglia,
Historia del s. Monte de Valparaiso,
Vita di s. Giov. Capistrano,
—di s. Yvo Avocato,
—s. Canuti,
—s Francesco Salesio,
91 La Vie de s. Gaëtan de Tienne,
Vita del Fr. Alippio di s. Giuseppe,
—del B Toribio Archiv. di Lima,
—s. Didaci,
Memorie di s. Nonnoso,
Vita del Fr. Giuseppe da Leonessa,
—del Card. Bellarmino,
Zylii Historia B. Mariæ Sylveducensis,
Divotione del s. Monte di Crea,
Sandæi Elogia Cardinalium,
Elencus Cardinalium, Contelorii,
Legendario de santissime Vergini,
Vite delle Donne Illustri della s. scritura,
Roscii Elogia Militaria,
Origen de los Monteros de Espinosa,
92 Vita B. Petri Celestini,
Elogium Frontonis Ducæi,
Compendio de la Vida de s. Francisco de Borja,
Vita Peirescii, à Gassendo,
Vie du P. Yvan,
—de Cesar de Bus,
Vita di s. Filipo Neri,
Vie de la M. Françoise de Nerestang,
Vita di s. Ubaldo,

93 {
Junius de Pictura Veterum,
Arte della pittura di Lomazzo,
Idea del Tempio della Pittura dal Stesso,
Microcosmo della Pittura di Scarnelli,
Idée de la Peinture, par Chambray, avec
La Perspective d'Euclide, du mesme,
}

94 {
Vite de Pittori del Baglione,
—— id. di Bellori,
—— Bolognesi, di Malvasia, 2. volumes,
—— di Vasari, 3. volumes, Bologna,
—— Veneti di Rodolphi, 2. volumes,
—— Genovesi, di Cavana,
—— di Dati,
}

95 {
Felibien, Principes d'Architecture, marroquin,
—— Entretiens sur les Peintres, 4. volumes,
—— sur les Architectes,
—— Conferences de peinture & sculpture,
—— Galerie de Versailles,
}

—— Manuscrits en velin avec mignatures.

96 Reginæ Catharinæ accessus in regnum, à Blasio Michilio Ducis Albaniæ Sportulario, avec 14. mignatures de la grandeur du volume qui est de velin, fait en 1547.

97 Uranometrie ou Images des étoiles en 47. mignatures sur du velin, & les explications des étoiles,

98 Biblia sacra antiquissima, sur du velin tres-fin,

99 Le songe du Pelerinage de humaine Vie en vers, en l'an 1348. avec 116. mignatures en Grisailles,

100 Le Roman de la Buse en Cour sur velin, orné de dix mignatures; plus, les Amours du Comte d'Artois, avec des vers, intitulés *Les Lay de Paix, Lay de Mort*, en velour rouge.

101 Le Roman de la Rose sur velin, orné de 94. mignatures, in fol. velour vert.

102 Idem sur du papier sans figures, velour.

103 Le même sur velin, de tres ancienne écriture, avec 1. mignatures,

104 Quatre paires d'Heures tres-belles sur velin, avec chacune dix ou douze mignatures,

105 Trois autres paires d'Heures tres-belles, & ornées de chacune 12. à 15. belles mignatures,

106 Un petit Recueil de 3. feuilles de 3. mignatures en cartouches de deux petites testes de femme,

107 Psalterium Romanum sur du velin, avec douze grandes mignatures tres belles, & quelques-unes chargées des écussons de Lorraine, in fol.

108 Un volume de papier marbré relié à la Turque,

109 Les Antiquitez des Juifs traduites de Josephe, fol. sur velin, avec une seule mignature,

110 Valerius Flaccus, impr. sur velin, avec huit mignatures bien conservées 1519.

111 La Legende des Saints, sur du velin, grand in fol. avec 178. belles mignatures;

112 Les Institutions & fondations de l'Oratoire de N. Dame de Vie-faine lez Paris, sur velin, grand in fol. couvert de maroquin, confirmée & fignée de la main propre du Roy Henry II.

113 Historia stirpium Leonardi Fuchfii, tres-bien peint,

114 Biblia facra, tres-grand in folio en velin, avec plufieurs mignatures,

115 {
Des Heures écrites sur du velin, avec des vignettes à chaque page, & en tout 53. mignatures, en maroq.
Paire d'Heures sur du velin, avec 21. mignatures, en velour, garnie d'argent.
——Idem sur du velin, avec 31. mignatures, maroq.
——Idem sur du velin, avec des vignettes figurées à chaque page, au nombre de 175. & 11. grandes mignatures, en velours violet.
——Idem secundum usum Monasterii Latigniacensis, avec 9. mignatures, en velours vert.
Legende de fainte Marguerite, vers Italiens, avec 23. mignatures,
Une petite paire d'Heures fur velin, avec quinze mignatures.
Une autre de velin, avec 40. mignatures, maroquin rouge.
}

116 {
Une paire d'Heures antique sur velin manuscrite, avec 7. mignatures,
——Une autre avec 14. mignatures, velours brun.
——Une autre imprimée, dont les figures font enluminées, 1512. velours violet, garnie d'argent,
——Autre manuscrite sur velin, avec des vignettes historiées, & 35. mignatures, velours violet.
——Autre manuscrite sur velin, avec 13. mignatures.
——Autre ancienne avec mignatures,
}

117 {
Une paire d'Heures manuscrite, avec 33. mignatures & vignettes,
——Autre grosse manuscrite sur velin, avec 27. mignatures,
——Autre avec 6. mignatures, maroquin rouge.
——Autre avec 30. mignatures, maroquin vert antiqué.
118 ——Autre, avec mignatures.
}

Neuf paires d'Heures imprimées sur velin, toutes avec figures enluminées, en maroquin ou velours, &c.

119 {
Paire d'Heures anciennes fans mignatures, sur velin.
——Autre moderne bien écrite, reliée en maroquin rouge.
Traité Prophetique de l'ancien Teftament, écrit sur du velin, avec 12. mignatures, maroquin rouge,
Biblia facra manuscripta sur velin, tres-ancienne.
Emblêmes & Devifes peintes en mign. au nombre de 31.
}

LIVRES DE FIGURES in Octavo.

Duces Boiariæ,
Difesa della Nobilita Napoletana di Borelli,
Histoire de la Maison de Saint Colombe,
Science du Blason du sieur Trudon,
Art du Blason, 2. vol
Nobiliaire de Dauphiné d'Allard,
520 Histoire genealogique de la Maison de Roucy,
Jardin d'Armoiries de Germanie 8. colorées.
Chevalerie ancienne & moderne de Menestrier.
The Analysis of honor. by Matt. Carter.
A helpto English history, By P. Heylyn,
And Observations of the Ancient and present state of
   London, and westminster, By Burton.
Theatre de la Noblesse, de la Roque, 4.

Insignium aliquot Virorum Icones 1559.
Scaliger de re nummaria.
Sylloge Numismatum Germanicè.
Priscianus & alii de nummis, mensuris, ab Elia Vineto
   emendati, 1545.
Epitome du Livre de Ass. de Bude 1529.
521 F. Gronovius de sestertiis, & pecuniá Veterum, Lugd.
   Bat. 1656
Petr. Castellanus de Festis Græcorum.
D. Souteri Palamedes Lugd. Bat. 1622.
   de Tabula lusoria & variis ludis.
—Idem Meursii, ibid. de ludis Græcorum.
Assertio de Murrhinis & de Murrhino Nic. Guibertus,
   Francof 1607.

Ebatement moral des animaux, à Anvers, Smetr.
Les Fables d'Esope en Grec,
—Idem Gr. Lat. Amstel. 1672.
522 Cento favole scelte di Verdizotti, Venet.
Phædri Fabulæ, cum Observationibus Laurentii. Amstel.
   1668
Les Fables d'Esope, moralisées, par Baudoin 1649.
Les mêmes 1669.
Les mêmes, à Anvers, 1593.

Devises heroïques de Paradin, figures du petit Bernard,
   Lyon 1557.
Sambuci & Alciati Emblemata, Antuerp.
2. cent Emblêmes de Guil. de la Perriere.
P. Costalii Pegma, Lyon.
Hecatomgraphie 1540. Lyon.
523 Picta poësis, ut pictura poësis erit, ibid.
—Idem Latino-Germanica,
Philotei symbola Christiana, Lugd. Bat. 1683.
Emblêmes d'Amour, par Flamen.

—— sacrez , par Mestayer 1637.
& deux autres de même.

224
Recueil d'Emblêmes , par Baudoin . 2. volumes
Les Devises de la Boissiere , 2. vol.
Amoris divini & humani Antipathia , 1629.
La Vie symbolique de saint François de Sales.
Emblemata moralia nova D. Crameri , Francof. 1631.
Le Triomphe de la Religion 1688.

225
Orpheus Eucharisticus.
Emblemata-sacra , decades quinque , 1624.
Selecta symbola heroïca , Neugebaver , 1619.
Schola Cordis Haftenii. Antuerp. 1629.
G. Hesii Emblemata sacra.
Bartholinus & alii de Cruce , 2. vol. Lugd. Bat. 1670
Sylva Theolog. Symbolicæ.

226
Emblesmes sacrées , par Fr. Berthod , 2. vol.
Symbola diversorum Principum. Typotii , 1619.
Zuerii Boxohrnii Emblemata politica.
Epistolæ symbolicæ J. Vincartii Tornaci , 1636.
De Sanctorum Martyr. Cruciatibus.
S. Epiphani Physiologus , Antuerp.
Icones Cathecheseos Christianæ. L. Osii , 1569.

227
Paradisus Sponsi & Sponsæ , & Pancarpium Marianum,
Joan. David , Antuerp. 1607.
De Sanctor. Martyr. Cruciatibus,
Philothei symbola Christiana.
Amoris divini & humani Antipathia.
La Doctrine des Mœurs , de Gomberville.
Lux Evangelica , 2. vol.
Ott. Vænii Emblemata Horatiana , 1684.

228
Stultifera navis mortalium , 1571.
Anthologia Gnomica , Egenolphi , 1529.
De omnibus Illiberalibus , sive Mechanicis , Hartmamio,
Franc. 1574.
Imagines mortis. Idem , François , 1547.
Panoplia omnium Illiberal. Hartin. Scopperi, Francof. 1574.
Ovidii Metamorphoses , Antuerp. Moreli.

229
Emblesmes de Pieters , en Hollandois, de Cloppenbeurs.
Vie de Mahomet , en Anglois , fig.
2. Le Monde démasqué , en Hollandois , par Poirters.
Les Emblesmes de J. Cats , 8. 1652.
—— de Philosophie , de Vanvriesthungh. 3. volumes ,
& 5. autres volumes d'Emblesmes , en Flamant.

230
Selectæ Christianæ orbis deliciæ , per Svvertium.
Polystor Symbolicus Caussini.
Transformationes de Ovidio , per Yverra.
—— Item , Italice de Gabr. Symeoni , 1559.
Majeri Viatorium Planetarum.
Thesaurus sapientiæ Civilis , Meischeni.
Hartm. Schopperus de Astutia Vulpecularum

131
- Pegme, de P. Courteau, 8.
- Petites Emblefmes, de Cats,
- Minnepopiens.
- Delie, Objet des Vertus.
- Hadr. Junii Emblemata.
- Les Devifes de Paradin, en petit.
- Emblemata J. Cats.
- Le Cento & cinquanta Favole, di C. Panefi, 1575.
- Picta Poëfis, & Imagination Poëtiq. 1559.
- Dan. Heinfii Emblemata Amatoria.
- Sembneri Emblemata, &c.

132
- Ægidii Albertini Schola mulierum, en Allemand.
- L'Imprefe di Giovio.
- Albericus Gentilis de Armis Romanis.
- L. Pignorii fymbol. Epiftolica. Patavii, 1629.
- Noctuæ Speculum, contra Tylun. Saxonicum, Ægidii Periandri, Francof. 1568
- Des Balets des Anciens & Modernes.
- Emblefmes à Louis le Grand, de Martinet, 1672.
- N. Parthenii Pifcatoria & Nautica, 1675.
- Simonis Ogerii Symbola, Antuerp. 1603.
- Orus Apollo cum Iconibus, L. Fr. 1574.
- Difcorfi di Andr. Palazzi fopra l'Imprefe, 1575.

133
- 2. La gloire & magnificence des Anciens, 8.
- Faces Auguftæ Barlæi & Boyii.
- Reufneri Leorini fymbola Imperatot.
- L'Art de faire des Devifes, par H. Eftienne, 1645.
- Des Decorations funebres, par Meneftrier.
- Tablettes pueriles & morales, à Langres, 1658.

134
- Imagini de gli Dei, di Cartari.
- Hyginus & alii de Fabulis, 1608. de Lugd.
- Matt. de Roa fingularia.
- Aldi Manutii Orthographia & alia, Venet. 1591.
- G. Pancirolli rerum memorabilium deperdit. & inventarum Notitia Salmuth, Amberg. 1601. 2. vol.

135
- Bulengerus de Conviviis, & de Pictura plaftice ftatuaria, Lugd. 1628.
- —— Ejufd. de Theatro & ludis Leonicis.
- —— Ejufd. de Circo Romano, & ludis Circenfibus.
- Bayfius de re Veftiaria & Navali, Parif. 1553.
- Pompa feralis Prifcorum Romanor. Parif. 1621.
- Sepultura veterum Joan. Andr. Quenfteet. 1660.
- Em. Thefauri Infcriptiones, Taurini 1666.
- Almelouven Opufcula, Antiq. T. P. 1689.
- Recherches & Obfervations de Boccone, 1674.

136
- Ceremonies funebres des Nations, 1676.
- Des Reprefentations en Mufique, 1681.
- Kirchmanus de funeribus Romanorum, 1672.
- Funus Parafiticum, Rigaltii & aliorum, 1672.
- Prolufiones Allegoricæ, 1660.

417 { Em. Figrellius de Statuis illustr. Romanorum , Holmiæ
Trois autres Volumes d'Emblesmes.
C. Bartholinus de Tibiis veterum & Senftlebius de Alea
veterum , 1667.
C. Bartholinus de Tibiis veterum , Amstel. 1674.
—de Unicornu , ibid. 1678.
Ciaconius & Ful. Ursinus de Triclinio , ibid. 1664.
Ant. Bynæus de Calceis Hebr. ibid. 1670.
Ansel. Solerius de Pileo & Toga Romana, ibid 1671.
Phil. Tomasinus de Tesseris Hospitalitatis , ibid. 1670.

Bynæus de Calceis Hebræor. 1682.
Longus de Annulis signatorum antiquor. Lugd. Batav.
1672.
Popma de Operibus Servorum , ibid. 1672.
418 { Pignorius de Servis, Amstelodami , 1672.
Kirkemanus de Annulis , ibid.
Balduinus de Calceo , & Nigronius de Caliga veterum
ibid. 1667.
Testi studio della Pittura , Scoltura , &c. Roma , 1672.

Recueils des Monnoyes anciennes, 8.
Paradoxes des Monnoyes , par Malestrats.
439 { Introduction à la connoissance des Medailles , par Patin
—Idem , du P. Joubert.
Gros Recueil de Blazon , peint.

Chifflerius de Linteis sepulcralibus Salvatoris.
Les Enseignes & Estendarts de France , par Galand , 1638.
Theatre des Cruautez des Heretiques , à Anvers , 1588.
Le Miroir des Cruautez & Tyrannie des Espagnols, 1620.
440 { Amstelod.
Venatus & aucupium , Ad. Lonicerii , Francof. 1583.
Le Recueil de Chyndonax , à Dijon , 1621.
Navis Stultifera , avec fig.

Emblesmes , Devises, & Chiffres.
De ss. Martyrum Cruciatibus per Tempestam , pastel
1659.
Mercerii Emblemata, fig.
441 { Decas Fabularum humani generis.
Capellus de Ponderib. & Mensur.
Leo Allatius de Templis Græcorum.
Lazar Baiffius de Re vestiaria.
Le Imprese di Capaccio.

Funerali Antichisi , di Porcacci.
Gutherius de Jure Manium.
142 { Chifflerius de Lint. sepulcralibus.
Musæum Italicum , Mabillon.
Ballet dansé par le Roy , 1617. avec les figures & deco-
rations.
Ecclesiæ Militantis Triumphus , de le Clerc.
Theatrum crudelitatum Hæreticorum , Antuerp. 1587.
Bofnitil Emblemata sacra , Heidelberg. 1653.

A

La Tyrannie Espagnole au Pays Bas, Amsterdam, 1620.

143 { Les Avantures de Theagenes & Cariclée en 120. figures.

Sacrarum antiquitatum Monumenta, L. Hillestemii Andernaci, Antuerp. 1577.

Triumphus Jesu Christi crucifixi, Riccii.

Metamorfosi d'Ovidio di Bardi, Venet. 1674.

Parthenera sacra, en Anglois, 8.

Disceptatio de secretis Soc. Jesu.

Les Imaginations Poëtiques, 1552.

144 { Biblia picturis Effigiata, 1552. Francof.

Probæ Falconiæ Centones, cum fig. Monaci, R. Sadeler.

La Nef des Foux, en Allemand, 1555.

Abregé de la Bible, chez Nicolas Buffet, 1640.

Les Figures de la Bible, par Visscher, 1639. au nombre de 290. en long.

La Passion & la Resurrection de J. C. par Collaert, au nombre de 52. fig.

Diversarum Nationum ornatus, 225. figures, 8. marroq.

L. Philipp Nerius, 12. fig. & Scelta de Vergini Martir. Thomasini, 23. fig

145 { L'Amour de Cupidon & de Psichée en 32. figures, avec d'autres figures.

Recueil d'environ 210. Estampes, in 8. dont les animaux de Tempeste.

Recueil de Cartouches, par Manelet.

Recueil de plusieurs Pieces du Petit Bernard, comme les Theatres, Planetes, & Phisionomie.

Emblemata sacra, 1589. Romæ.

Les Vertus & les Vices.

La Vie de saint Ignace de Loyola, en 32. figures.

La sainte Jeunesse, gravée par G. Huret, 1652.

La sainte Bible en figures gravées par Campion, au nombre de 265 en long.

Heroïcos Hechos de Varones illustres, 1576.

146 { L'Entrée d'Henry II. & de Catherine de Medicis, à Roüen, 1550 fig.

La Pratique de l'Aiguille dans l'art de la Lingerie, Broderie & Paslemens, par Matth. Migneran, Anglois, Paris 1605.

Les Oeuvres & Inventions de Lingerie, par Federico Vinciolo Venitien, Paris 1594. fig

Patrons des Ouvrages de Lingeries pour les Points, par le même, Paris 1587.

Devises Heroïques, par C. Paradin, 8.

P. Costalli Pegma, Lugd. 1555.

Imprese Milit. & Amorose de Simeoni.

Gentium Habitus & Effigies.

Meditationi del s. Rosario, per Gasparo Loarte, in Roma, 1573.

Ornemens d'Emailleurs, d'Orfevres, &c. 1617. par

Voüert, 1610. environ 110. Pieces.

147 {
Figure de la Biblia G. Simeoni, Lyon 1577. du petit Bernard.
—Idem, per D. Maraffi, Med. 1554. du mesme petit Bernard.
—La Genese seule, du mesme.
—Les Figures du N. Testament, à Lyon 1579. du petit Bernard.

F I N

APPENDIX.

1 Joan. Hus & Hieron. Pragensis, 2. vol. fol.
2 Lutherus , 7. volumes fol.
3 Calvinus , 6. volumes, fol.
4 Zuinglius , 3. volumes fol.
5 Vvitackerus , fol.
6 Vvolfius , 2. volumes , fol.
7 Hospinianus , 7. vol. en 4. fol.
8 Bibliotheca Patrum Polonor. 10. vol. fol.
9 Catalogus Testium Veritatis , fol.
10 Centuriatores Magdeburgenses , 7. vol. fol.
11 Calvini Institutiones , fol.
12 Blondel de la Primauté de l'Eglise , fol.
13 Calvini Harmonia ex Matthæo , Marco & Luca , fol.
14 ——Idem , en François , fol.
15 Gualtheri Homiliæ in Evangelium & Epist. 2. vol. fol.
16 Histoire des Martyrs , fol.
17 Petri Martyris Loci Communes , fol.
18 Machumetis Alcoran , cum Historia Saracenica , fol.
19 ⎰ Volkelii de Religione , 4.
   | Gesselii Historia Sacra & Ecclesiastica , 4.
   | Deffense des Traductions de la Bible , 4.
   | Dailæus de Pœnis , & Satisfactionibus , 4.
   | Riveti Introductio ad Scripturam sacram , 4.
   | Hookenius contra Socinianos , &c. 4.
   ⎱ Placeus contra Socinianos , 4.
20 9. Volumes 4. dont Bochart.
21 6. Volumes 4. dont Maccovius.
22 7. Volumes 4. dont Romæ ruina finalis.
23 7. Volumes 4. dont Gerhardus in Deuteronomium.
24 8. Volumes 4. dont Oecolampadius in Job.